Hans Flach

Der deutsche Student der Gegenwart

Hans Flach

Der deutsche Student der Gegenwart

ISBN/EAN: 9783742898807

Hergestellt in Europa, USA, Kanada, Australien, Japan

Cover: Foto ©Suzi / pixelio.de

Manufactured and distributed by brebook publishing software (www.brebook.com)

Hans Flach

Der deutsche Student der Gegenwart

Der

deutsche Student

der

Gegenwart.

Von

dem Verfasser der Akademischen Carrière
der Gegenwart.

Berlin,
Richard Eckstein Nachf.
(Hammer & Runge.)
1887.

Inhalt.

I. Korps und Burschenschaft.
II. Böllerei und Exzesse.
III. Duellunwesen.
IV. Patentreißerei.
V. Politische Thätigkeit.
VI. Zusammenhang mit dem Zeitgeist.
VII. Mittel zur Abhülfe.

I.
Korps und Burschenschaft.

Die Deutschen haben stets die Überzeugung gehabt, daß ihre Universitätseinrichtungen die besten in Europa seien. Jede eingehende deutsche Kritik über englische, französische oder italienische Universitätsverhältnisse schloß mit einer Verurteilung oder Verhöhnung der fremden Einrichtungen und mit einer Lobpreisung des Heimatlandes. Die Einrichtungen in Deutschland selbst zu kritisieren ist zu keiner Zeit gestattet gewesen. Wer es unternahm, erschütterte Besitz und Einnahmen sehr vieler Lehrer und mußte es sich gefallen lassen, in die Acht erklärt zu werden, gleichviel ob er Dozent oder Professor war. Es ist bekannt, daß die deutschen Hochschulen, an denen die Freiheit des Worts und der Lehre verbrieft sein sollte, jeden aus ihrer Mitte, welcher die unverträglichen Verhältnisse seiner Hochschule an die Öffentlichkeit zu bringen den Mut hatte, auf diese oder jene Weise zwangen aus dem Lehrkörper auszutreten. Ob die angeführten und angegriffenen Schäden der Wirklichkeit entsprachen oder nicht, ist weder von den Regierungen noch von den Universitätsbehörden jemals ernsthaft untersucht worden. Dagegen begnügte sich in einigen Fällen die Universitätsbehörde eine öffentliche nichtssagende Erklärung abzugeben oder gegen den Autor Mißtrauen zu erwecken. Das letzte historisch bekannte Beispiel einer so edlen Kampfesweise lieferte die schwäbische Universität Tübingen, die wohl in der Kulturgeschichte die meisten akademischen Maßregelungen und Gewaltthaten aufzuweisen hat.

Wenn bei der Beleuchtung der akademischen Verhältnisse in Deutschland im allgemeinen nur die Verhältnisse des Unterrichts und der Lehrer mit ihrer Stellung und ihrer Beförderung einer Kritik unterbreitet wurden, so sind die studentischen Verhältnisse an unsern Hochschulen weit seltener Gegenstand einer öffentlichen Besprechung gewesen. Der Grund davon ist unschwer einzusehen. Die ganze Studentenwelt Deutschlands zerfällt noch heute in zwei große Lager, deren Mitglieder und Vertreter die ganze gebildete Welt beherrschen und in den einzelnen deutschen Ländern ihre Stellungen bis zu den Ministerien hinauf behaupten. Fast jeder, der über diese Verhältnisse schreiben will, wird sich auf die eine oder die andere Seite stellen und die entgegengesetzte sofort zu Feinden haben, die über ihn herfallen und sein Machwerk zerzausen wird, selbstverständlich mit dem Vorwurf, daß er von den angegriffenen Punkten nichts verstehe. Dies ist wenigstens eine der beliebtesten Kampfesweisen in Deutschland, besonders in der Gelehrtenwelt. Würde ein deutscher Universitätsprofessor vielleicht mit seinen Namen über die Studentenverhältnisse zu schreiben wagen, so würde er riskieren, daß ihm eine Katzenmusik gebracht oder die Fenster eingeworfen werden. In keinem Fall darf man darauf rechnen, daß die jugendlichen Hitzköpfe das für Wahrheit erklären werden, was ein unbefangener und an's Denken gewöhnter Beobachter nach jahrelanger Bekanntschaft mit den Verhältnissen der Öffentlichkeit übergiebt.

Gleich diese Spaltung des Gesammtkreises unserer Studentenwelt und zum Teil auch der Welt der alten Herren muß in hohem Grade befremden. Wie? Zerfällt wirklich die gebildete männliche Jugend Deutschlands in zwei Klassen, die sich befehden und beschimpfen müssen? Oder ist es nur die studentische Jugend? Ist bei Offiziersaspiranten eine ähnliche Wahrnehmung gemacht worden, daß sich zwei feindliche Lager streng scheiden? Wir glauben kaum. Oder in der jungen Kaufmannswelt? Schwerlich. Also nur in der Studentenwelt. Und diese fundamentalen Verschiedenheiten manifestieren sich vermutlich schon in der Sekunda oder wenigstens in der Prima des Gymnasiums? Schwerlich. Dort sitzt alles noch friedlich nebeneinander, was später durch die Macht der Verhältnisse in zwei feindliche Parteien auseinander gerissen wird. Demnach kann nur die eine Erklärung übrig bleiben, daß dieser thatsächlich bestehende Gegensatz unter den deutschen Studenten erst in der Verbindung künstlich geschaffen wird, daß er vorher gar nicht da ist und nachher gewöhnlich auch fortfällt, daß er aber die Studentenzeit beherrscht, wo er unter dem Zwang der Verbindungsparagraphen durchgeführt werden muß.

Die Korps und die Burschenschaften — von der Reformburschenschaft ist selbstverständlich in diesem Zusammenhang nicht die Rede — haben nur zu einer bestimmten Zeit in einem motivierten Gegensatz zu ein-

ander gestanden, als in der Reaktionsperiode das trost=
lose politische Leben in Deutschland zwei große, sich be=
kämpfende Parteien und Richtungen hervorgebracht hatte,
die konservative oder reaktionäre und die freisinnige
oder Fortschrittspartei, die Partei der Regierenden und
die der Unbefriedigten. Damals vertraten die Korps
auf den Universitäten mit Bewußtsein, wenn auch nicht
nach ihrer Verfassung, streng das konservative Element,
während die Burschenschaften, die freilich wegen ihres
geringeren Zusammenhangs weit weniger einheitlich da=
standen und sich erst weit später zu einem Burschen=
schafter=Kartell vereinigten, den freiheitlichen Stand=
punkt einnahmen.

Seitdem das deutsche Reich geeinigt ist, hat jene
Scheidewand des zur Auferstehung sich durcharbeitenden
jungen Deutschlands ihre Bedeutung verloren, und da=
mit ist die einzige, wirklich motivierte Differenz jener
großen Studentenklassen gehoben. Was jetzt übrig ge=
blieben als Trennungsmoment, ist so unbedeutend, daß
es als Lappalie betrachtet werden muß. Es wird in
unserer Zeit gerade soviel flotte Korpsstudenten geben,
welche auch vortreffliche Burschenschafter geworden wären,
wie umgekehrt hervorragende Burschenschafter, welche
ebenso ausgezeichnete Korpsstudenten hätten werden
können. Ein Paar nichtssagende Kleinigkeiten wären
in beiden Fällen anders gewesen, hier ein Paar Formen
mehr, dort weniger, aber der Mensch als solcher wäre
völlig unverändert geblieben, seine Gesinnung auch).

Dasselbe gilt aber auch von den Blasen und
farbentragenden Verbindungen, die im wesentlichen bald
auf der Basis von Korpsstatuten gegründet sind, bald auf

jener der Burschenschaftsgesetze. Beide reiten sich, so lange sie Studenten sind, künstlich und leidenschaftlich in ihren Standpunkt hinein, halten ihn für das einzig berechtigte Moment der ganzen Welt- und Kulturgeschichte, glauben ihn mit Feuer und Schwert verteidigen, dafür mutig in den Tod gehen zu müssen, und wenn sie die Hochschule hinter sich haben, lächeln sie über die katonische Gesinnung und die Aufgeregtheit des Jugendungestüms, über ihre Zornausbrüche, wenn die Heiligkeit ihrer Gesetze angegriffen war, und über die Kämpfe, die sie wegen der Aufrechthaltung ihrer Grundsätze zu bestehen gehabt haben. Lächeln sie aber nicht darüber und nehmen sie die Dinge weiter ernsthaft, so verfallen sie selbst — dem Fluch der Lächerlichkeit.

II.
Völlerei und Exzesse.

Der deutsche Kouleurstudent ist im wesentlichen eine Karrikatur des deutschen Studenten, und stets gewesen. Mag er Barret und Stockdegen, Schlapphut und Schleppsäbel getragen haben, österreichische Stürmer oder Cereviskäppchen, Flaus oder Schnurrock, Kanonen oder Bierjacke: er ist eine Karrikatur, denn er bringt diejenige Seite im Studententum in den Vordergrund, die am wenigsten zum Studenten gehört und durch ihre Übertreibung zur Karrikatur ausartet. Denn man wird doch kaum die Frage nach dem Zweck der Studenten auf der Hochschule anders beantworten dürfen, als daß er des Studirens wegen da sei. Und wenn wir nach der angestrengten und drückenden Schulzeit, besonders bei etwas schwächlichen Naturen, eine kleine Erholungspause gestatten wollen, so darf diese doch nicht über das erste Semester hinausgehen, und was darüber ist, sollte den Vorlesungen und der Arbeit gehören.

Wie faßt aber der Kouleurstudent, ganz besonders an vielen Universitäten der Korpsstudent das Universitätsleben auf? Als etwas himmelweit verschiedenes. Denn zuerst muß der Fuchs unsinnige Quantitäten Bier vertilgen, und in dem chronischen Kater des Fuchssemesters alles was Wissenschaft, Beruf und Vorlesungen heißt, aus dem Grund seiner Seele verachten lernen, bis er ordentlich korpsreif geworden ist. Noch heute giebt es Verbindungen, die es dem Fuchs zur Schande anrechnen, wenn er in den ersten Semestern ins Kolleg geht.

Nirgends aber zeigt sich noch die altehrwürdige Rohheit des Germanentums größer und unerträglicher, als beim Kneipen. Ist es nicht eine Lächerlichkeit, jemandem einen ganzen vorzutrinken, und ihn, der im Augenblick gar keinen Durst hat, zu zwingen, innerhalb einer kurzen Frist auch ein ganzes Seidel mit einem Zug auszuleeren? Ist nicht der Bierjunge und das Biergericht mit dem schnellen Herunterstürzen des Stoffes, dem auf Kommando Trinken, und der damit gewöhnlich verbundenen Verunreinigung des Hemdes und des Rockes, eine Rohheit, die jeden unbefangenen Zuschauer nur mit Ekel erfüllen kann? Vollends aber, welche Ausschreitungen finden statt, wenn auf einem Korpskommers der Fuchsmajor den Füchsen vortrinkt! Wer würde es glauben, wenn er hörte, daß hier einzelne berühmte Fuchsmajore ihren Füchsen iu kurzer Zeit sechzehn ganze Seidel vorgetrunken haben, daß ein anderer sogar elfmal hintereinander je zwei Seidel vorgetrunken hatte, also im ganzen zweiundzwanzig? Wer würde es nicht für unwürdig halten, daß diese Füchse dann, wenn sie die so schnell eingenommene Ladung nicht mehr in ihrem Magen beherbergen können, in Gegenwart der Professoren das Lokal verlassen, um draußen — zu brechen, dann bleichen Antlitzes weiter trinken, um nach drei oder vier Seideln sich wieder zu übergeben, u. s. w., bis sie nach mehrfachem Speien im allergnädigsten Fall der Allbeherrscher Schlaf in Beschlag nimmt oder sie wegen Randalirens von zwei Kommilitonen nach Hause geschafft oder, vielleicht richtiger, geschleift werden?

Es ist aber noch nicht lange her, daß bei einzelnen Verbindungen einer norbischen Universität Kommers und nachfolgender Frühschoppen ineinander übergingen, wobei der größte Theil der Studenten nicht nach Hause zu gehen pflegte. Der Gast, der um zehn Uhr vormittags antrat, sah einige bleiche Gestalten Grog trinken, andere einen Häring essen. Auf den Bänken an der Wand und auf dem Boden lagen abgefallene Massen; einer hatte sich halb ausgezogen, weil er geglaubt hatte, in sein Bett zu steigen. Biergläser waren über den Boden und den Tisch ausgegossen, und darin schwammen Häringe. Ein Gestank, der an die schlimmsten Stellen der Unterwelt erinnerte, verpestete das Lokal, welches seit vierzehn Stunden dem Saufgelage und sämmtlichen Wirkungen desselben gedient hatte. Das nannte man frisches, fröhliches Burschenleben!

Nicht minder roh ist die sogenannte Taufe oder der Fuchsenstoß, wie er noch bei manchen Burschenschaften üblich ist. Da muß der zu taufende Fuchs nach vorausgegangenen, ziemlich unwürdigen Zeremonien Spießruten laufen bei den zwei Reihen Studenten, die ihm die vollen Bierseidel über Kopf, Gesicht und Kleider gießen, so daß das Kneipzimmer sehr bald in den Zustand eines Sees gerät. Glaubt nun der Student alles hinter sich zu haben, so stehen an der Thür noch zwei Kommilitonen verborgen mit großen Eimern oder Kübeln von Bier und überschütten ihn, daß er beinahe selbst fortschwimmt. Zahlreiche deutsche Professoren sind bei solchen widerlich rohen Scenen anwesend und sehen zu, daß für viele Mark Bier auf den Boden geschüttet wird, mit dem ärmere Studenten oder arme Leute wohl hätten beglückt werden können. Hat die Bildung und die Kultur des neunzehnten Jahrhunderts nicht ausgereicht, um aus dem Studentenleben jene Auswüchse zu entfernen, welche an die schlimmsten Tage des deutschen Mittelalters erinnern?

Werfen wir einen Rückblick auf die nationalökonomische Seite jener kostspieligen Biergelage, welche ja offiziell wenigstens dreimal in der Woche, nicht offiziell die andern Abende, und dem entsprechend in ebenso vielen offiziellen und nicht offiziellen Frühschoppen stattzufinden pflegen. Es ist begreiflich, daß in Verbindungen, in denen Ansprüche der erwähnten Art an die Mitglieder gestellt werden, in einem Monat ganz allein für Bier so viel ausgegeben wird und vielleicht noch mehr, wieviel andere Studenten überhaupt als monatlichen Wechsel haben. Denn nehmen wir mit Hinzu=

rechnung der Kommersthätigkeit nur einen Durchschnitt von 10 Seideln per Tag, so muß dies schon bei gewöhnlichem Bier 1½ Mark und per Monat 45 Mark oder 15 Thaler, wenn nun aber, wie dies heute fast überall beobachtet werden kann, der Student echtes, d. h. importiertes Bier zum Frühschoppen und bei andern Gelegenheiten zu sich nimmt, so ist die Ausgabe noch viel größer. In manchen Städten hält sich daher der Kouleurstudent schon für wesentlich geborgen, wenn er genügend Biermarken für den Monat genommen hat, weil er weiß, daß er an dem Hauptgenußmittel keine Einbuße erleiden kann. Wie viel Väter sind aber in der Lage, ihren Söhnen allein das Jahr einige hundert Thaler für Bier zu geben? Und wieviel Studenten machen alljährlich diesen ganzen Kram mit, ohne das nötige Geld zu haben? Und wenn sie einmal angefangen haben, kommen sie aus den Schulden nicht mehr heraus, nehmen zuletzt Geld gegen Ehrenscheine auf und verbittern sich später die ersten Jahre als junge Beamte, die sie sorgenfrei leben könnten, durch die Mahnbriefe und Abzahlungen, zu denen sie offiziell gezwungen werden? Das entsetzliche Biertrinken in Deutschland macht die Bierwirte reich, die Studenten arm, dumm und krank.

Wenn aber die Studenten wirklich einen so bedeutenden Wechsel haben, daß diese Ausgabe für Bier keine Rolle spielt, ist es nicht überhaupt eine Narrheit, jungen Leuten, welche fleißig sein und arbeiten sollen, Wechsel von 800 oder 1000 Thlr. zu geben. Es sind nicht wenige Verbindungen bekannt, in denen der einzelne, selbst wenn er keinen besondern Luxus treibt, mit 800 Thlr. beispielsweise gar nicht auskommen kann, und in zahlreichen Fällen ist gerade aus diesem Grunde der Austritt aus einem Korps erfolgt. Was soll aber daraus werden, wenn Studenten einen Wechsel von 800 oder 1000 Thlr. bekommen und der Staat den Vätern Gehälter von 1500—2000 Thlr. giebt? Ist dann nicht die notwendige Folge, daß gerade die Beamten, die zuerst dazu berufen sind, für Beamtennachwuchs im Staat zu sorgen und ihre Söhne studieren zu lassen, gar nicht mehr in der Lage sind, ihre Söhne studieren zu lassen, daß das Beamtenmaterial sich allmählich aus den Söhnen der Kaufleute oder der Fabriksbesitzer, reichen Grundbesitzer, Brauereibesitzer u. s. w. rekrutieren wird, während die Beamtensöhne, die den eigentlichen Nachwuchs bilden sollten, sich einer technischen Thätigkeit ergeben müssen, weil ihre Väter die Kosten des Studiums nicht mehr auftreiben können?

Weit bedenklicher aber erscheinen die Folgen eines derartig mit Alkohol infizierten Lebens in sanitätlicher und sittlicher Beziehung. Die geschlechtlichen Ausschweifungen der Studierenden, die besonders an einigen norddeutschen Universitäten einen bedenklichen Umfang angenommen haben und in zahlreichen Fällen von den ekelhaftesten Folgen begleitet sind, finden vorzugsweise in der alkoholischen Erregtheit oder in dem Indifferentismus des Katzenjammers statt. Und wer nicht durch Bier sich bleich getrunken hat, der bekommt jetzt durch die angewandten Hungerkuren das Lazaretgesicht, das heute in manchen Verbindungen typisch geworden ist. Und was wird aus der stolzen deutschen Nation werden, wenn erst alle Beamten eine solche Hochschule von Katzenjammer, Hungerkur und Lazaret durchgemacht haben?

Wer aber nicht gleich das schlimmste durchkosten muß, der leidet an jener bierseligen Schwerfälligkeit, welche ihn zum Arbeiten und zu jedem anständigen Vergnügen unfähig und unempfänglich macht. Man gehe nur hin und sehe, wie solche Verbindungen, die in Bier und Duell aufgehen, ihre sogenannten Fuß= reisen zu Pfingsten im Schwarzwald oder im Riesen= gebirge ins Werk setzen. Man höre Abends ihre Ge= lage oder ihren endlosen Bierskat mit Schreien und Schimpfen, sehe sie dann morgens mit bleichen Ge= sichtern einen Leiterwagen besteigen und ohnmächtig mit herabhängenden Köpfen durch die schönsten Thäler fahren, während die Tannenwälder rauschen und die Gießbäche sich herabstürzen, bis das Mittagessen winkt, auf das der Kaffeeskat und der daran sich schließende Bierskat folgt. Das nennt man in manchen Gegenden und bei manchen Verbindungen Fußtouren und Pfingst= ausflüge! Ist dann irgendwo das Bier sehr ver= lockend, so spielt man drei Tage hintereinander an demselben Ort Skat. Selbst das schönste Vergnügen der studentischen Jugend, das Wandern, mit Ränzchen und Wanderstab „durch Flur und Wald zu schweifen" erscheint ausgeartet zu einer Karrikatur, die den unbe= fangenen Beobachter mit Grauen vor der Zukunft in Deutschland erfüllt, die von einer solchen Generation beherrscht werden soll.

Aus diesen Gründen erscheint es nicht wunderbar, daß besonders an einzelnen norddeutschen Universitäten nicht wenige Studenten physisch untergehen, teils durch die anhaltende Völlerei, mit der sie auf den nicht immer widerstandsfähigen Körper einstürmen, teils durch ekelhafte Krankheiten, welche durch ihre Ausschweifungen erzeugt und öfters zu leichtsinnig behandelt werden. Wir erinnern daran, daß es auf deutschen Hochschulen nicht nur einmal vorgekommen ist, daß eine ganze Verbindung derartig erkrankt war, daß sie keine Mensuren haben durfte. Hier mit Sicherheit behaupten zu wollen, daß es vorzugsweise Verbindungen sind, in denen derartige Fälle der Versumpfung vorzukommen pflegen, wäre vermessen, da schwerlich statistische Erhebungen darüber stattgefunden haben. Aber wenn wir auch zugeben, daß ein Student, der durch und durch leichtsinnig ist, auch ohne einer Verbindung anzugehören, untergehen kann, so steht doch fest, daß die farbentragenden Verbindungen selbst in den seltensten Fällen bei einem, der sich auf abschüssiger Bahn bewegt, geeignete und wirksame Mittel anzuwenden pflegen, um ihn vor dem Untergange zu retten. In manchen Verbindungen ist im Gegenteil der Renommiersäufer eine gerade so geachtete und angesehene Persönlichkeit, wie der Renommierschläger, und erotische Exzesse und Krankheiten sind niemals im Wege gewesen, daß nicht der einzelne eine hervorragende Stellung in seiner Verbindung einnehmen konnte.

So lange aber von Staats- oder Universitätswegen ein derartiger Modus von Studieren, der in nächtlichen bis zum Morgengrauen währenden Gelagen, in chronischem Katzenjammer und Schwänzen aller Vorlesungen besteht, offiziell gestattet ist, so lange werden derartige Auswüchse zu Tage treten, die das deutsche

Studentenleben bei allen kultivierten Nationen verrufen gemacht haben.

III.
Duellunwesen.

Nur auf deutschen Universitäten hat sich seit dem Mittelalter in ungeschwächter Blüte erhalten eine Einrichtung, welche in ihrer gesunden Form nicht nur eine große Berechtigung hat, sondern auch alle Anerkennung verdient, in ihrer Entartung aber genau denselben Tadel erhalten muß, wie das zügellose und rohe Biertrinken — das Duellunwesen. Auch in diesem Punkte ist bekanntlich das liebe deutsche Vaterland in zwei große Lager gespalten, von denen die einen das Studentenduell überhaupt verwerfen, die andern es durchaus billigen und für eine Notwendigkeit erklären. Alle früheren Korpsstudenten sind leidenschaftliche Verteidiger des Studentenduells, und es ist bekannt, daß sie diesen Standpunkt auch in den einflußreichsten Stellen als Minister, Oberstaatsanwälte, Präsidenten 2c., nicht aufzugeben, sondern sogar unter Umständen öffentlich darzulegen pflegen. Es ist ferner bekannt, daß gerade durch den verschiedenen Standpunkt, den die höheren Beamten dem Duell gegenüber einnehmen, die juridische Behandlung der Frage einem steten Wechsel unterworfen ist, von dem nur auffallend ist, daß er im Vergleich zu der strengen Normierung aller übrigen Verhältnisse des Strafprozesses so lange andauern kann, ohne die Rechtssicherheit im Staate zu gefährden.

Prüfen wir die Entstehung des Duellwesens auf den Universitäten, so kann kaum ein Zweifel darüber bestehen, daß dasselbe in Brauch gekommen ist, um die Studenten zu schützen gegen die Rohheiten, wie sie Gesellen und Bursche im Mittelalter bei Streitigkeiten untereinander vermittelst der Faust oder des Knüppels auszuüben pflegten. Schon frühzeitig rotteten sich die Studenten in Landsmannschaften zusammen, die nicht immer in friedlichem Verhältnis zu einander standen, und bei der Erregtheit und dem Selbstbewußtsein des kräftig gewordenen Jünglings zu Streit und Zwistigkeiten übergingen. Westfalen haßten die Thüringer, diese die Sachsen, diese die Schwaben ꝛc., Littauer die Balten, Alemannen die Hessen u. a. Bekamen dann zwei oder mehrere Skandal, so war der gewöhnliche Austausch das Duell, das in früheren Zeiten bekanntlich gemäß der weit geringeren Deckung nicht ungefährlich war, und bei der Bewaffnung mit Floretts und Säbeln nicht selten zu dem Tode des Gegners führte.

Wenn nun auch nach der Einigung der deutschen Stämme zu einem Reich, ein solcher Haß der einzelnen Landsmannschaften — die ja in den Verbindungen ihren Charakter ganz aufgegeben haben — gegen einander nicht mehr vorhanden ist, indem schon allein das gemeinsame Dienen bei einem Bataillon ein gemeinsames, alle umfassendes Band herzustellen imstande ist, so ist doch die Möglichkeit nicht ausgeschlossen, daß besonders an größeren Hochschulen, wo verschiedene Gegenden Deutschlands gleichmäßig vertreten sind, Reibereien vorkommen können, denen ja der Deutsche bei seiner bekannten Rauflust nicht aus dem Wege zu gehen pflegt.

Denn wir wollen nicht wegleugnen, daß der schwerfällige Schwabe vom gewandten Berliner ebenso weit entfernt ist, wie der leichtblütige Rheinländer vom nüchternen Ostpreußen, der derbe Baier vielleicht noch entfernter vom feinen, formgewandten Hannoveraner oder Hanseaten, der gutmütige und fibele Sachse von dem blasierten Ostseeländer. Und wenn die einzelnen Studenten in Ausschußsitzungen oder wissenschaftlichen Vereinen oder bei anderen Gelegenheiten zusammen tagen müssen, so liegt die Gefahr nahe, daß zwei sich eben nicht verstehen wollen oder können, und daß es dann zu einem Streit kommt, der im Augenblick keine Lösung erfahren kann. In solchem Fall ist selbstverständlich das Duell der unvermeidliche Ausweg, wenn sich alle Friedensvermittelungen zerschlagen haben sollten. Dies Duell, das auch unter den Offizieren eine Notwendigkeit ist — vorausgesetzt, daß es nicht gerade mit Pistolen und in tödtlicher Absicht erfolgt — giebt dem Beleidigten Gelegenheit, seinen persönlichen Mut zu manifestieren und zeigt seine Absicht, dem Gegner heimzugeben, was dieser gesündigt hat. Deshalb ist es nicht zu verwerfen, und es wäre ein Unglück, wenn es ganz ausgerottet würde, weil dann naturgemäß der Ton der Studenten untereinander ein weit roherer werden würde. Es würden dann zweifellos zahlreiche Mißhelligkeiten auf der Stelle mit der Faust oder dem Stock geahndet werden.

Schon jetzt ist an manchen Universitäten, an denen einzelne Verbindungen dauernd im Exkartell stehen, der Holzkomment nichts ungewöhnliches, und es finden zwischen den feindlichen Elementen fast alle Semester

Entladungen oder Explosionen Statt, gleichsam schlagende Wetter, die nötig sind, um den so lange verhaltenen Haß einmal wieder so recht gründlich zum Austrag zu bringen.

Das heutige Studentenduell ist aber etwas ganz anderes, als jenes letzte Auskunftsmittel in Ehren- und Beleidigungssachen. Die Sinnlosigkeit des heutigen Korpswesens hat zuerst die sogenannte „Rempelei" erfunden, bei welcher einer dem andern auf die Fußspitzen trat oder ihn einen „dummen Jungen" nannte, dann die sogenannte „Bestimmungsmensur", bei welcher die Füchse der einzelnen Korps, vielleicht ohne sich persönlich zu kennen, und mitunter semester- oder haufenweise, auf Stimmzettel mit einander losgehen müssen, weil erst derjenige in das Korps als vollberechtigt aufgenommen wird, der eine Reihe von Mensuren hinter sich hat. Auch einzelne Burschenschaften haben sich dem Stimmzettelverfahren angeschlossen.

Mit diesem Verfahren ist das Duell, das ursprünglich etwas sehr ernsthaftes, wohlberechtigtes, moralisch klärendes und reinigendes gewesen ist, zu einer lächerlichen und abgeschmackten Farce herabgesunken, der jeder moralische Inhalt fehlt, und die entkleidet ist von der notwendigsten Triebfeder, die der einzelne im Duell haben muß, seinen Gegner verletzen zu wollen. Die Lächerlichkeit dieser Farce wird noch dadurch erhöht, daß alle bedenklichen Stellen des Körpers sorgsam eingehüllt, der Hals umbunden, die Augen vorsichtig geschützt werden, damit kein gefährlicher Hieb erfolgen kann.

Die Lächerlichkeit erreicht endlich damit ihren Höhepunkt, daß der einzelne Student derartige Mensuren nicht mehr ernsthaft nimmt, deßwegen gar nicht ordentlich fechten lernt, sondern sehr stolz darauf ist, sein Gesicht, wie einen gehackten Klops, zerhauen zu bekommen. Also auch das ist fortgefallen, worauf man früher am meisten ausging. Damals lernte man eifrig fechten, um in einem Duell als Sieger hervorzugehn und unverwundet zu bleiben. Heute lernt man so schlecht als möglich fechten, um sich nicht ordentlich verteidigen zu können und in das Gesicht möglichst viel Schmisse hineinzubekommen, die zuerst jene lieblichen, wattierten Köpfe liefern, dann mit Bier aufgetrunken, dem Studenten einen neuseeländischen Anstrich geben. Damals waren die berühmten und gefährlichen Schläger an der ganzen Hochschule bekannt und gefürchtet. Heute ist es Thatsache, daß es Korps giebt, die nicht einen einzigen brauchbaren Schläger besitzen, sodaß jedes Mitglied desselben derartig verschlagen aussieht, daß die ganze Verbindung lebhaft an eine Platte mit gehackten Beefsteaks erinnert, gleichsam ein Kollektivbeefsteak bildet. Es ist die höchste Potenz der Sinnlosigkeit und Geschmacklosigkeit, ein solches Aussehen für schön zu halten, es ist die größte Albernheit und moralische Unfertigkeit, mit empfangenen Hieben zu renommieren, es ist die größte Lächerlichkeit, wenn Kouleurmütter nun mit mütterlichem Stolz das schmißdurchfurchte Gesicht ihres Lieblings betrachten und es mit Wonne im Heimatstädtchen spazieren führen. Es ist geradezu eine Ironie, mit Proben seiner Unfähigkeit oder Ungeschicklichkeit oder mit Häßlichkeit prunken zu wollen.

Das Zerrbild des germanischen Duells ist aber

auch noch nach einer anderen Seite zur völligen Abgeschmacktheit entartet. Bekanntlich erklären die Verehrer dieses Duells, daß es eine ritterliche Übung sei, die den Mut des einzelnen stärke. Wir wollen die Frage nicht erörtern, wie weit der deutsche Jüngling, welcher der allgemeinen Wehrpflicht genügen muß, heute eine Stählung seines Mutes nötig habe, wir wollen auch das unberührt lassen, was nun der einzelne Student auf der Mensur macht, wenn er keinen persönlichen Mut besitzt, besonders auch nicht prüfen, in wie vielen Fällen der Mut angetrunken, oder durch den Indifferentismus der Katerstimmung künstlich hergestellt wird, nur das eine wollen wir hervorheben, bis zu welcher Grenze die Betätigung und Hebung des Mutes gehen soll.

Wenn wir nämlich begreifen, daß zwei befreundete Korps ein Kartellverhältniß geschlossen haben, nach welchem ihre jungen Mitglieder, um den Mut zu beweisen und zu stärken, mit einander kämpfen sollen, so ist uns unverständlich, welchen Sinn die sogenannten P.P.Suiten haben, daß Leipziger und Bonner Studenten in Göttingen losgehen, Tübinger oder Freiburger und Greifswalder Studenten in Berlin. Diese Lächerlichkeit ist noch begleitet von den bedeutenden Unkosten, die den einzelnen Korps für die Reise und das Herumlungern und Bummeln der Einzelnen während wenigstens einer Woche erwachsen. Die alten Herren sind trotz mehrfacher Anstrengungen nicht im Stande gewesen, diesen Übelstand wirklich abzuschaffen.

Die zweite Frage, die sich bei diesem Duellunwesen in Deutschland aufdrängt, ist die juristische. Es unterliegt keinem Zweifel, daß das Duell mit scharfen

Schlägern, die ohne Frage zu den tödtlichen Waffen gehören, nach dem heutigen Strafgesetz verboten ist, und in diesem Sinne hat auch das Reichsgericht seine Entscheidung getroffen. Es zeugt von der bemerkenswerten Ausnahmestellung und der Frivolität, wie sie an den deutschen Hochschulen zu Hause ist, daß einzelne Rektorate und Polizeibehörden sich in keiner Weise um diesen Gesetzesparagraphen kümmern, sondern Mensuren bald in einem Zimmer mit geöffneten Fenstern, bald in allgemein bekannten Wirtshäusern und Tanzlokalen abhalten lassen, von denen die ganze Stadt Kenntnis hat und zu denen die liebe Schuljugend in Scharen herauszieht. Würde diese Übertretung von anderen Ständen ausgeübt werden, so wäre zweifellos die Behörde sofort dahinter und würde den Paragraphen anwenden. Gegen den Studenten aber wird in einer Weise Rücksicht genommen, die das Bewußtsein von der Gleichheit aller Deutschen vor dem Gesetz in einer bedenklichen Weise zu Schanden machen muß.

Als eine erfreuliche Thatsache muß hierbei hervorgehoben werden, daß von Jahr zu Jahr mehr Rektoren und Behörden gegen den Duellunfug losgehen und auf die Bestrafung der abgefaßten Schlägerduellanten bringen. Noch erfreulicher ist die vor kurzem in Leipzig seitens des Universitätsgerichts erfolgte Suspendirung sämmtlicher Korps, die wegen des Duellunfugs verhängt ist.

Das Pistolenduell sollte in einer Betrachtung über Studentenverhältnisse eigentlich gar nicht erwähnt zu werden brauchen. Dennoch hat auch dies an einzelnen Hochschulen in beängstigender Weise zugenommen. Das Pistolenduell an sich kann nur aufgefaßt werden als Mordversuch, der unter Umständen wenigstens seine moralische Berechtigung hat. Diese Umstände kommen sehr selten vor: es sind im wesentlichen grobe, durch nichts zu reparierende Beschimpfungen und Verletzungen der Ehre, wie sie besonders beim Ehebruch gewöhnlich sind. Die Pistolenduelle der Studenten haben fast nie einen so ernsthaften Hintergrund, daß der einzelne mit der Tendenz auf dem Kampfplatz erscheint, seinen Gegner niederzuschießen. Nicht selten sind es ganz kindische, nur in Trunkenheit entstandene Veranlassungen. Der Student, welcher auf diese frivole Weise ein Pistolenduell eingeht, sollte nicht nur vom Gesetz bestraft werden, das sehr milde ist, sondern auch disziplinarisch von der Hochschule, das heißt für immer, relegit werden.

Eine Regelung der Duellverhältnisse, oder wenigstens eine Besserung wird in Zukunft nur dann zu erwarten sein, wenn der ganze Humbug des Stimmzettelwesens abgeschafft wird und wirklich ernsthafte Vorfälle, wie beim Offizierkorps, vor einen studentischen, allgemein anerkannten Ehrenrat gelangen müssen, der die Verpflichtung hat, Sühneversuche zu machen und dem die Entscheidung obliegt, ob ein Duell stattfinden soll oder nicht.

Wenn man aber für das voraussichtlich eintretende Nachlassen der körperlichen Übung des Fechtens gleichzeitig einen Ersatz schaffen will, so mögen die deutschen Studenten sich hierin mehr die Kommilitonen in England zum Beispiel nehmen. Der Wassersport der englischen Studenten, wenn er nicht auf die Spitze getrieben wird, und der rühmliche Wetteifer, den die einzelnen Universitäten dabei entfalten, ist etwas durchaus nachahmenswertes, und diejenigen deutschen Universitäten, welche gemäß ihrer geographischen Lage imstande sind, diesen Sport zu pflegen, sollten keinen Augenblick zögern, sich demselben zu ergeben. Auch für erwachsene Schüler ist er durchaus anzuempfehlen, wenn er unter der Obhut der Lehrer ausgeführt wird. Wird aus dem Sport freilich eine Leidenschaft, welche zuletzt nur noch in dem Rivalisieren und im Wettkampf ihre Befriedigung findet, dann ist er zweifellos zu verurteilen.

Außerdem aber können auch die Spiele, welche von den englischen Studenten gepflegt werden, ohne Schaden zur Nachahmung dienen, ganz besonders das Lawn-Tennis-Spiel. Die englischen Spiele sind durchweg geeignet, die Kraft des Körpers und die Geschicklichkeit der Bewegung zu erhöhen, weßhalb sie sehr gut als Ersatz für ausfallende Fechtübungen betrachtet werden können. In jedem Fall wäre es einer großen Anzahl deutscher Studenten nützlicher, sich zeitweise in derartigen Spielen zu üben, als den ganzen Tag im Wirtshaus zu liegen, Geld und Gesundheit zu profanieren und die übrigen Stunden auf dem Fechtboden zuzubringen.

IV.

Patentreißerei.

In dem großen Wirtshauszimmer einer süddeutschen Universität saßen an einem Tisch mehrere Professoren mit einem griechischen Gast, während einige Neben=

tische mit Korpsstudenten besetzt waren. Darauf traten mehrere Mitglieder eines andern Korps hinein, grüßten ziemlich kühl und oberflächlich die Professoren und blieben dann mit tiefer Verbeugung und die Mützen lange in der Hand haltend, vor den Studenten stehen. Der griechische Gast fragte, warum der Gruß der Eintretenden so sehr respektvoll ausgefallen sei und hielt offenbar die im Lokal sitzenden Studenten für hohe Diplomaten, Prinzen oder Fürsten. Er war erstaunt zu hören, daß dies auch junge Studenten seien, genau wie die später hinzugekommenen, ebenso bürgerlich und ebenso in der Weltgeschichte bedeutend als junge Juristen, Mediziner u. s. w.

Diese kleine Geschichte illustriert am besten die formale Übertreibung, die heute in einzelnen Studentenverbindungen an der Tagesordnung ist und zu Ausschreitungen führt, welche die Verurteilung aller vernünftig denkenden Männer herausfordert und nur mit dem Namen einer jämmerlichen Patentreißerei bezeichnet werden kann.

Es war in früheren Jahren ein bekanntes Witzwort, daß der junge Korpsstudent mit Kneifer und Scheitel in das Korps rezipirt wird. Dies Wort war schon in jener Zeit verbreitet, als von den heutigen Ausschreitungen im Korpswesen noch gar keine Rede war. In der That spielt heute der chaussierte und ölgetränkte Scheitel bei einzelnen Verbindungen genau dieselbe Rolle, wie früher der Pudel oder die Dogge. Ohne diesen Scheitel und das eingeölte oder einpomadirte Haar sind viele Korps gar nicht denkbar, und es dürfte bekannt sein, daß ganze Verbindungen, besonders in kleineren Universitätsstädten alltäglich Vormittag zum Friseur gehen, um sich die Frisur herstellen zu lassen. Viele von diesen behaupten, daß ihnen im Katzenjammer das Waschen des Kopfes mit der kleinen Douche sehr angenehm sei. Diese kleine Katererholung wird demgemäß täglich mit 35—50 Pfennigen bezahlt, monatlich mit 15 Mark. Es ist für den Fuchs nicht rätlich, diese Sitte nicht mitzumachen, da sein unchausierter und unduftender Scheitel sofort unter den andern glänzenden Frisureffekten einen Mißklang hervorbringen würde. Und doch würden die Studenten besser thun, für ihr Äußeres so zu sorgen, daß sie frisch und gesund aussehen und nicht wie Käsemaden. Verfasser sah vor einigen Wochen auf einer mitteldeutschen Universität eine Verbindung, welche einen Abreisenden zum Zug begleitete. Die eine Hälfte hatte Käsegesichter, als wenn sie eben dem Lazaret entstiegen wäre, die andere war teils zerfetzt, teils vertrunken. Einer stotterte beim Sprechen, als wenn ihn schon das Delirium erfaßt hätte. Der ganze Anblick war in hohem Grade ekelhaft.

Aber noch in anderen Beziehungen hat die Patentreißerei den höchsten Grad erreicht. Die Kouleurstudenten fahren heute allgemein in der zweiten Eisenbahnklasse, und der einzelne würde mit Atimie bestraft werden, wenn er sich dieser Gewohnheit nicht fügte. An kleineren Universitäten, besonders Süddeutschlands, fahren aus diesem Grunde Professoren mit ihren Frauen bei geringeren Strecken in der dritten Klasse, um Kollisionen mit den Herren der akademischen Welt zu vermeiden. Denn es ist Thatsache, daß selbst Professoren sich in solchen Fällen viel gefallen lassen müssen, zumal nicht alle die Neigung haben, Rohheiten und Ungezogenheiten zur Anzeige und zur Bestrafung zu bringen.

Daß die Anzüge und besonders die Überzieher stets beim teuersten Schneider und vom teuersten Stoff, am liebsten in hellen oder auffallenden Farben, gemacht sein müssen, daß sie auf der Höhe der jedesmaligen Mode stehen und wenn sie etwas von dieser überholt sind, ausgemerzt oder dem Stiefelputzer geschenkt werden, ist so einleuchtend, daß kein Wort darüber zu verlieren ist. Ebenso ist klar, daß die feinen Verbindungen auf der Kneipe ihre beschnürten Kneipjacken haben müssen, die in gelber, blauer und brauner Farbe einem Kommers einen uniformirten Anstrich geben. Einzelne Lächerlichkeiten, wie das Tragen großer Fächer in der Sonnenhitze, die an süddeutschen Universitäten vorkamen, haben hoffentlich nur vorübergehende Bedeutung.

Außerordentlich übertrieben wird heute eine Sitte, die ursprünglich gewiß nichts tadelnswertes hatte, das Überreichen von Dedikationen. Während in früheren Jahren die Studenten sich gelegentlich, besonders an Geburtstagen oder Namenstagen, kleinere Geschenke machten, welche den Preis von 1—3 Mark schwerlich überstiegen, haben heute derartige Dedikationen einen Wert von 10—50 Mark, sind für jeden unvermeidlich und erfahren noch eine konstante Steigerung. Stöcke mit feinstem Elfenbeingriff, kostspielige Zigarrenspitzen, Seidel mit silbernem Deckel, kostbare Album, alles natürlich mit dem Verbindungswappen vorne und hinten, sind die gewöhnlichen Leistungen, zu denen noch zahlreiche besondere kommen.

Geradezu unerhört ist der Luxus, den einzelne Verbindungen mit den Mahlzeiten treiben. Während an kleineren Hochschulen sich Dozenten und außerordentliche Professoren, wenn sie unverheiratet sind, mit einem Mittagstisch von 90 Pfennigen oder 1 Mark begnügen, speisen einzelne Verbindungen im ersten Hotel, bezahlen 1½ oder 2 Mark (in Bonn und Heidelberg noch mehr) für das Kouvert und haben dann noch Weinzwang, so daß der einzelne wenigstens 60—70 M. monatlich für sein Mittagessen ausgeben muß. Es versteht sich ganz von selbst, daß darauf gar keine Rücksicht genommen wird, daß dieser oder jener in der Verbindung einen geringeren Wechsel hat, als die tonangebenden Matabore, und vielleicht lieber an einem billigeren Mittagstisch teilnehmen möchte. Hier heißt es, mitgefangen mitgehangen! Der Korpsgeist muß gewahrt werden! Und wer das Geld dazu nicht hat, borgt es sich. Nur so ist es gekommen, daß einzelne Verbindungen bei ihrem Speisewirt wiederholentlich Rechnungen von einigen Tausend Mark hatten aufhäufen lassen, deren schließliche Zahlung nicht ohne Hilfe der alten Herren zu ermöglichen war. Daß bei zahlreichen Gelegenheiten Champagner fließt, daß bei Stiftungsfesten Diners gegeben werden, wo der trockene Tisch 8 Mark kostet, ist zu selbstverständlich bei dem heutigen Zustand des Studentenwesens, daß es noch erwähnt zu werden braucht.

Wieder in anderen Verbindungen hat die Hundemanie ihren höchsten Gipfel erreicht. Man unterscheidet Privat- und Staatshunde. Für die letzteren kommt die Verbindung auf und giebt ihnen auf Staatskosten zu fressen. Am Nachmittag werden die Hunde spazieren geführt und müssen dann zum Ergötzen der Schuljugend und der Dienstmädchen Kunststücke machen. Bisweilen werden Menschen von ihnen auf der Straße umgerannt. Den Verbindungshund schätzt der Korpsstudent höher als den Burschenschafter.

Dieser ganz ungeziemende Aufwand im heutigen Studentenleben würde ja schließlich allein die Geldbeutel der jungen Leute oder ihrer Herren Väter tangieren, wenn er nicht gleichzeitig eine sehr ernste moralische Rückseite hätte. Es begreift sich nämlich, daß die innerliche Seite des Menschen vollständig in den Hintergrund treten muß, wo auf das äußere ein so großes und fast ausschließliches Gewicht gelegt ist. In der That leidet das heutige Korpswesen an einer so phänomenalen Versimpelung, daß es völlig unbegreiflich ist, wie hervorragende Minister, kluge Professoren dieses zunehmende Versimpeln beobachten können, ohne nur einen Schritt zu thun oder einen Rat zu geben, wie ihm gesteuert werden könnte. Jeder, der einen großen Kommers des S. C. durchgemacht hat, wird erstaunen über das vollständig erstarrte Formelwerk, in dem der ganze Kommers und besonders die Begrüßungen sich abspielen. Da ist ein Kommers wie der andere, immer dieselbe Rede, genau mit denselben Worten, immer dasselbe fürchterliche, nervenerschütternde Aufschlagen mit den Schlägern, immer dieselbe Reihenfolge der Begrüßungen und Anreden, niemals ein Wort mehr oder weniger: Wir haben heute Abend die Ehre, die Vertreter fremder S. C. in unserer Mitte zu sehen — wird wie von einem Dompfaffen heruntergeschnarrt. Jede Rede ist ein alter

Petrefakt. Eine Oase in dieser traurigen Wüstenei bildet der niemals veraltende Landesvater. Und das ist die deutsche Jugend? Der Stolz und die Zukunft der Nation? Die zukünftigen Räte und Minister? Und sie sind nicht im Stande, einmal ihrem Talent oder ihrer oratorischen Begabung die Zügel schießen zu lassen, sondern bewegen sich wie in dem ausgetretenen Geleise einer Tretmühle?

Freilich verkennen wir nicht, wenn wir gerecht urteilen wollen, daß auf diese Weise auch Unzuträglichkeiten vermieden werden, die entstehen, wenn man dem Studenten eine zu große Redefreiheit läßt. Es kann da leicht etwas gesagt werden, was Anstoß erregt, und besonders bei Festen, zu denen Professoren und Gäste eingeladen werden, ist große Vorsicht geboten. Es sind häufig Fälle vorgekommen, wo undisziplinirte Verbindungen den Anstand überschritten und die Geduld der Hörer gemartert haben. Aber zwischen dem zügellosen und ungewaschenen Reden und dem stereotypen Papageigeplapper auf der Korpskneipe giebt es doch noch eine goldene Mittelstraße, auf welcher der einzelne maßvolle und überlegte Jüngling sprechen kann, wie ihm der Schnabel gewachsen ist, und zwischen den alten, abgestandenen Redensarten zur Abwechselung einmal einen eigenen neuen Gedanken anbringen darf.

Aber auch sonst kann die Patentreißerei nur von den übelsten Folgen für die Erziehung des Menschen sein. Ein wirklich bedeutender und genialer Mensch wird nicht sein Haupt jeden Vormittag dem Friseur beugen, wird nicht stundenlang wie ein wanderndes Modenjournal mit Kneifer, Glacés und Stöckchen durch die Straßen bummeln oder ein Hundevieh an der Schnur führen und mit ihm spielen können. Dies können nur fade Menschen sein, die durch ihr Thun und Treiben immer seichter werden müssen. Dennoch sollen sie später die hohen Stellen im Staat einnehmen. Kann man sich da über vieles wundern, was heute an der Tagesordnung ist?

Indem man aber stets besser und eleganter gekleidet ist, als der gewöhnliche Student und alle übrigen darin übertrifft, indem man besser frisiert und eingeölt ist, kommt man nämlich leicht auf den Gedanken, daß man den übrigen Studenten überhaupt überlegen ist und sie verächtlich behandeln darf. Diese Überzeugung ist leider bei zahlreichen Verbindungen vorhanden und man handelt in genauer Übereinstimmung mit ihr. Dabei vergißt man aber, daß der arme Student, der Abends in seiner Dachkammer die Seminararbeit anfertigt, um sie zum Termin pünktlich abliefern zu können, unendlich wertvoller ist, als jener geleckte Fant, der noch keine Vorlesung gehört hat und dem lieben Gott den Tag wegstiehlt, soweit er nicht von ihm zur Nacht gemacht ist mit einer Thätigkeit, die für seine Verhältnisse immer noch die anständigste ist — mit Schlafen. Der fleißige Jüngling, der Tag für Tag über einer Preisarbeit sitzt, um einen Geldpreis zu bekommen und dadurch seiner armen Mutter, von der er abhängt, ihr Loos zu erleichtern, steht unendlich höher als der hundeführende Korpsstudent, der nicht weiß, womit er den Tag totschlagen soll.

Es hat aber diese Patentreißerei auch für das ganze Leben die nachhaltige Wirkung, daß Studenten, die eine derartige Schule in ihrem Korps durchgemacht haben, die Menschen überhaupt nicht nach den inneren Eigenschaften, sondern allein nach dem äußeren Wesen zu beurteilen sich gewöhnen, so daß ihnen auch im späteren Leben die fadesten Menschen wohlgefallen, weil sie einen feinen Anzug und eine goldene Busennadel trugen, sowie tadellose Wäsche haben, und sie Abneigung empfinden gegen gelehrte, gescheute und unterhaltende Menschen, wenn diese in einfachem Gewand auftreten und überhaupt zeigen, daß sie auf den äußeren Menschen kein größeres Gewicht legen. Damit wird der richtige Gesichtspunkt in der Beurteilung von Menschenwert und -unwert völlig verschoben, und es greift eine Ungerechtigkeit Platz, die in hohem Grade Bedenken erregen sollte bei Menschen, die später hohe Staatsämter bekleiden sollen.

Auch dieser Zustand erklärt manche Erscheinungen der Jetztzeit, besonders die sogenannten guten Karrieren derer, welche schöne Röcke und Westen und stets neue Handschuhe zu tragen pflegen.

V.
Politische Thätigkeit.

Der deutsche Student hat sich im vorigen Jahrhundert vielfach den Theaterangelegenheiten gewidmet und ist hier und dort, z. B. der Jenenser in Weimar, aktiv und eingreifend aufgetreten. In diesem Jahrhundert begannen die traurigen Jahre, welche nach dem Freiheitskriege folgten, den Studenten in die Politik hineinzustoßen. Die Burschenschaft vertrat die Sache der Freiheit und mußte schwer dafür büßen. Mit der Organisation des Korpswesens am Ende der vierziger Jahre vertraten die Korps, wie erwähnt, das konservative, die Burschenschaften mehr das freisinnige Element. Es war die Zeit der Reaktion, in welcher die schwarz-roth-goldenen Burschenschaften ihre politischen Abende abhielten, zu diesen die hervorragendsten liberalen Abgeordneten einluden, und von Männern, wie Walbeck, Schulze-Delitzsch u. a. Vorträge auf ihrer Kneipe erhielten, die selbstverständlich mit enblosem Beifall begrüßt wurden und die lauschenden Jünglinge fast in Raserei versetzten.

Nach der Wiederherstellung des deutschen Reichs ist es besonders der „Verein deutscher Studenten", der sehr stark in nationaler Politik macht, Reden hält, Adressen und Resolutionen verfaßt, Telegramme an Bismarck schickt u. s. w. Daneben giebt es auch liberale Studentenvereine, die aber heute weniger von sich reden machen, als jener nationale (und doch wohl stellenweise auch antisemitische) „Deutsche Verein".

Zunächst wollen wir prüfen, mit welchem Recht und auf welcher Grundlage der Student Politik treiben und sich aktiv an den Bewegungen der Zeit beteiligen darf. Der Student ist vom Gymnasium gekommen, wo er seine Klassiker gelesen hat und im allgemeinen von Politik ferngeblieben ist. Wenn er als Student Interesse für Politik hat und nicht regelmäßig eine Zeitung zu lesen bekommt, wird er sich, besonders in großen Städten, eine billige Zeitung halten und wird darnach sein politisches Urtheil bilden. In den sechziger

Jahren wurde wohl von berliner Studenten am meisten die Volkszeitung gelesen, von vielen namentlich, weil sie am billigsten war. Noch besser freilich ist es, wenn der Student entweder eine politisch=unparteiische Zeitung liest, deren es heute bekanntlich mehrere giebt, oder mehrere Zeitungen von verschieden politischer Färbung, damit sein politisches Urtheil langsam und nnbeeinflußt zur Klärung und Entwicklung kommt.

Heute aber halten Füchse große politische Reden. Als in einer der größeren deutschen Universitäten ein „Verein deutscher Studenten" gegründet wurde, erhielten zum Antrittskommers zahlreiche Professoren sogar eine persönliche Einladung, um das Fest mit ihrer An= wesenheit zu verherrlichen. Bei diesem Kommers erhob sich ein kleiner Knirps, hielt eine donnernde, einstün= dige Rede, zuerst gegen Demokratie, dann gegen die Juden; zuletzt wurde Eugen Richter unter dem lauten Gewieher der Professoren und Studenten abgemeiert. Viele Professoren verließen unmittelbar nach dieser Rede den Saal: einige von ihnen waren liberal oder national=liberal, einer ein geborener Semit, ein anderer hatte eine semitische Frau. Alle beklagten sich über die grenzenlose Taktlosigkeit, daß Studenten einladen, ohne sich zu vergewissern, welcher politischen Richtung der einzelne Gast angehöre. Noch beklagenswerter ist die große Thorheit und Selbstverkennung, daß ein käse= hoher Student sich berufen fühlt vor einer Studenten= und Professorengesellschaft eine politische Philippika loszulassen, von einem Haß und einer rücksichtslosen Offenheit, wie sie der gefährlichste Demagoge nicht leidenschaftlicher zur Schau trägt.

Weit häufiger war bis vor den letzten Dezennien die entgegengesetzte Gesinnung vertreten, daß Studenten in besondern Zirkeln sich in eine demokratische Gesinnung verrannten, bei welcher sie leicht die Grenze eines noch erträglichen Liberalismus übersprangen und über die äußerste Linke hinausgedrängt wurden. Derartige politische Vereine sind in kleinen Universitäten undenkbar und haben nur in den großen Residenzen existirt, wo die Eitelkeit, die politischen Größen des Tages bei sich zu sehn und von diesen für ihre Leistungen und Gesinnung Beifall zu behalten, eine Hauptrolle spielt.

Es braucht nicht bewiesen zu werden, daß der Student weder ein politisch reifes Geschöpf ist, noch ein wissenschaftlich reifes. Auf beiden Gebieten ist er Schüler und Zögling, unfertig und unvollkommen. Wenn er daher in seinem Kreise sich politisch oder wissenschaftlich ausbilden will, wird keiner etwas dagegen haben, nur darf nicht mit dem Anspruch aufgetreten werden, fertig zu sein, etwas fertiges leisten und die politischen und wissenschaftlichen Gegner, jene nach den gelernten Zeitungsphrasen, diese nach Worten und Ansichten seines Professors, niederschmettern zu können. Dadurch entsteht die tendenziöse Übertreibung in dem, was der Student leisten soll und kann, und mit ihr — die Karrikatur. Als selbstverständlich aber setzen wir voraus, das jeder deutsche Student nationalgesinnt sein und fest für Kaiser und Reich eintreten muß.

VI.
Zusammenhang mit dem Zeitgeist.

Nach dieser Auseinandersetzung werden manche mit Recht den Einwand erheben, daß die geschilderten Unzuträglichkeiten nicht die ganze deutsche Studentenschaft treffen, sondern nur einzelne Vereinigungen, und im wesentlichen Kouleurstudenten, welche gegenwärtig an den meisten Hochschulen nur einen geringen Prozentsatz ausmachen. Sie werden behaupten, daß wenn unter 1200 Studenten 150—200 Kouleurstudenten sind, diese nicht den Ton der Studentenschaft angeben, sondern nur den ihrer Verbindungen, für welchen die Gesammtstudentenschaft keine Verantwortung übernimmt. Denn die Kouleurstudenten betragen mit Ausnahme von Heidelberg und Würzburg kaum $1/6$ der Studentenschaft, in Berlin, Leipzig, Breslau naturgemäß noch weniger. Ganz besonders aber werden sie die zahlreichen Auswüchse des Korpswesens der Jetztzeit auf die Korps ausschließlich abwälzen und nicht auf den Geist der deutschen Studentenschaft. Es kommen aber 80—100 Korpsstudenten kaum auf 1500 andere Studenten.

Dieser Einwand wird mit Leichtigkeit entkräftet werden können. Es giebt keine Erscheinung in der Kulturgeschichte, die losgelöst für sich allein besteht und nicht durch vorhandene Verhältnisse ihre Erklärung findet. Das heutige Korpswesen schwebt daher keineswegs in der Luft, so daß es mit andern Studentenverhältnissen keine Berührung hat, ebensowenig wie andere Einzelerscheinungen des akademischen Lebens unserer Tage nicht symptomatische Erscheinungen des gesammten studentischen Lebens der Gegenwart sind.

Der Beweis ist zunächst nicht schwer zu führen, daß die Korps eine große, allgemein vorhandene Richtung der heutigen studentischen Jugend vertreten, nur in der Weise, daß bei ihnen alles bis zur letzten Potenz vorgerückt und entwickelt ist. Oder mit anderen Worten, die im heutigen Studentenleben schlummernden Keime sind von den Korps zur deutlichen und übertriebenen Erscheinung gebracht.

Wer das Studentenleben in Deutschland vor dreißig Jahren mit dem heutigen vergleicht, wird zweifellos einen ganz bedeutenden Unterschied wahrnehmen müssen. Damals herrschte gemäß den allgemein vorherrschenden geringen Mitteln eine große Einfachheit fast unter allen Studenten, da die meisten Väter, zumal wenn sie Beamte waren, gar nicht in der Lage sich befanden, ihren Söhnen große Wechsel zu geben. Die Ansprüche der Studenten, besonders im Essen, waren ebenso bescheiden, wie ihr Auftreten wenig herausfordernd und für die einzelne Persönlichkeit einnehmend. Die Bekleidung war in hohem Grade einfach, Glacehandschuhe waren so ziemlich in allen Studentenkreisen unbekannt, und Patentreißerei kam gar nicht vor. Im Gegenteil, an manchen Universitäten überwog das andere Extrem, in der äußeren Erscheinung möglichst rauh und abschreckend zu sein, gleichsam urteutonisch, indem man bärenartige Mützen, Flausröcke und dicke Knüppel trug, welcher Richtung von uns in keiner Weise Beifall gespendet werden soll.

Im Winter waren sogar Faust- oder Daumenhandschuhe nicht ungewöhnlich. An einigen Hochschulen herrschte damals noch der allgemeine Duzkomment in der ganzen Studentenschaft, und jemanden mit „Sie" anzureden, galt als Beleidigung. Auch die Begrüßung fand meistens ohne das zeremonielle Hutabnehmen statt, wie es heute allgemein eingeführt ist, sondern mit einem Gruß „Guten Morgen" oder „Prost". Der Verkehr in angenehmen und angesehenen Familien war von der Mehrzahl der Studierenden gesucht, während heute nicht wenige Verbindungen prinzipiell jeden Familienumgang ausschließen, auch wegen der zahlreichen offiziellen Angelegenheiten der Verbindung gar keine Verpflichtungen eingehen können. Vielen ist auch der Familienverkehr trivial.

Noch manches andere ist heute anders geworden. Das Bestreben, ein fertiger und abgeschlossener Mann zu sein, in allem gleich den erwachsenen Staatsbürgern, fängt heute nicht auf der Universität an, sondern auf der Schule. Schon der Tertianer will dasselbe feine Hemd tragen, wie der Vater, dieselbe Kravatte, denselben Stehkragen und dieselben Manchetten. Die thörichten Mütter, an denen das liebe Deutschland so unendlich reich ist, unterstützen selbstverständlich alle Regungen dieser Art bei ihren hoffnungsvollen Knaben. Ebenso muß der Gymnasiast seine Kneipereien haben, seine feinen Handschuhe, sein Stöckchen u. s. w., womöglich auch seine bunte Mütze und seinen Schläger. Wird er später Student, dann bleibt ihm, der schon als Gymnasiast es dem erwachsenen Mann gleich gethan hat, weiter nichts übrig, als jenen noch zu überflügeln.

Der feingekleidete Mann erscheint hier in der Karrikatur, und es ist kein geringer Teil der deutschen Studierenden, der Stutzern und Pflastertretern auffallend ähnlich sieht. Die äußerste Entartung dieser Erscheinung bilden die Korps, die nur zum auffallendsten und entwickeltsten Ausdruck bringen, was in einem großen Teil der übrigen Studentenschaft in seinen Anfängen vorhanden ist.

In zweiter Linie spiegelt aber das politische und Korpsleben mit seiner geistigen Armut auch das fade Professorenleben wider, wie es heute an vielen deutschen Hochschulen, besonders in Mittel- und Süddeutschland wahrzunehmen ist. Der gesellschaftliche Strudel, unter dem an diesen Hochschulen vermittelst Essens und Trinkens und möglichst geringer geistiger Genüsse die Denk- und Arbeitsfähigkeit der Professoren systematisch untergraben wird, kehrt in der Studentenwelt wieder als intensives Vergnügungsbedürfnis. Nicht mehr sind es Abende, die genügen sollen, um die Lust zu befriedigen, es werden Nachmittage daraus, ganze Tage, mehrere Tage hintereinander, ganze Wochen. Diners und Kommerse, Katerfrühstücke mit Musik, Weihnachtsfeste, Maskenbälle, Ausritte und Ausfahrten folgen sich in anmutiger Abwechslung auf einander, und hat man sich einige Tage so von Grund aus amüsirt und einen unbeschreibbaren Blechkopf, dann ist es so schwer, sich wieder in den Hörsaal zu zwingen oder gar an den Arbeitstisch, gerade wie der Professor nach durchschwärmter Ballnacht seinen Kater lieber im Bett pflegt, als in der Vorlesung. Je hohler das gesellschaftliche Leben der Professoren wird, um so dürftiger werden die Vergnügungen der Studenten, um so faber und geistloser ihre Unterhaltungen. Beide gehen neben einander her, gehen in einander über, finden sich gegenseitig natürlich, erträglich und angenehm: von keiner Seite ist eine Abwehr dieser Verhältnisse zu erhoffen.

Aber auch sonst ist gerade das Leben und Verhalten der Professoren oder der akademischen Behörden verantwortlich für die Handlungen und Übertreibungen der Studenten. Es ist bekannt, daß manche Universitäten in einem dauernden Wettlauf um die Anzahl ihrer Studierenden begriffen sind. Man thut alles mögliche, um mehr Studenten herbeizuziehen, ja die Examina werden sogar geflissentlich erleichtert, und diese Thatsache an die Öffentlichkeit gebracht, um als Köder für die heranfliegenden Jünger der Wissenschaft zu dienen. Die Mediziner kennen diese Universitäten gut. An manchen Hochschulen sollen sogar die Pedelle den Auftrag bekommen, schon abgegangene Studenten in den Listen weiter zu führen oder Hospitanten unter die wirkliche Studentenzahl aufzunehmen, damit die konkurrierende Universität ja nicht den Sieg davon trägt. Vielleicht sind auch schon Studenten zu diesem Zweck erfunden worden.

Es ist verständlich, daß man an derartigen Hochschulen auch das Bestreben hat, jeden Studenten sich zu erhalten und keinen voreilig zu entfernen. Man faßt also die Studenten und ganz besonders einflußreiche Kouleurstudenten äußerst behutsam an, um keine Verstimmung zu erzeugen, die im nächsten Semester sich empfindlich rächen könnte in Gestalt einer Verminderung der Studentenzahl. Man läßt viele Dinge unbestraft, die anderwärts bestraft werden würden, drückt bei den meisten ein Auge zu und entschließt sich niemals zu einer Relegation, um das Studentenmaterial nicht zu vermindern.

Wie aber Rektor und Senat in der Behandlung dieser Fragen sich aufführen, so thuen es die anderen Behörden auch. Selbst Nachtwächter und besonders Eisenbahnschaffner lassen Dinge durch, die sonst nicht durchgehen würden, und viele von ihnen beklagen sich, daß sie beim Rektorat keine Unterstützung und ihre Rechte nicht wahrgenommen finden. An manchen Hochschulen sind Eisenbahnfahrten zur nächsten Station, und besonders am Abend von dieser zur Universitätsstadt zurück, kaum zu riskieren, weil selbst Damen nicht selten Brutalitäten ausgesetzt sind, ohne daß die Schaffner den Mut haben, einer ganzen Gesellschaft oder Verbindung gegenüber einzuschreiten. Beklagt sich der eine oder der andere von den Passagieren, so zuckt der Schaffner mit den Achseln und bedauert, daß er nichts machen könne, da er niemals Unterstützung fände. Sind Professoren dabei, so erfolgt vielleicht am nächsten Tage eine Abbitte, und damit ist die Angelegenheit zur Zufriedenheit beider Teile aus der Welt geschafft.

Nun sind wir keineswegs der Ansicht, daß der Student bei allen Vorkommnissen sogleich mit dem Strafrichter in Berührung kommen müsse. Im Gegenteil, Harmlosigkeiten sollen soweit es angeht, ungeahndet bleiben. Jugend will austoben, und ganz besonders die, deren Freiheit auf dem Gymnasium bis zum 19. oder 20. Lebensjahre in gewissem Sinn durch die Schulgesetze unterdrückt worden ist. Es dürfen deßhalb auch nicht alle dem studentischen Übermut entspringenden Handlungen tragisch genommen werden, und es soll auch nicht alles sofort zur Anzeige und zur Bestrafung gebracht werden. Aber Übermut und Rohheit sind zwei verschiedene Dinge, und so sehr wir geneigt sind, jeden Akt des Übermuts unbestraft zu lassen, so sehr müssen wir darauf bringen, daß jede wirkliche Rohheit exemplarisch gestraft wird, zumal dieselbe ja in allen Fällen bestraft werden würde, wenn der Thäter nicht ein Student, sondern ein Geselle oder ein Handwerksbursche wäre. Denn es liegt auf der Hand, daß der Student, der in der Regel einem anständigen Hause entstammt und eine gute Erziehung genossen hat, für eine wirkliche Rohheit weit energischer bestraft werden sollte, als der ungebildete und ohne Familieneinfluß aufgewachsene Handwerksbursche. Professoren handeln demgemäß gänzlich inkorrekt, wenn sie ihre Hand dazu bieten, derartige Vergehen mit Stillschweigen zu vertuschen und den Thäter straflos zu lassen.

Es kommen aber solche Rohheiten hauptsächlich nach zwei Richtungen vor, von denen die eine sich in Form der Sachbeschädigung gegen das Eigentum richtet, die andere in Form des Überfalls oder der Beleidigung gegen die Sicherheit des Menschen. Wenn Studenten Fenster einschlagen, Schilder vernichten, sorgfältig behauene Bausteine verderben oder zerstören, Bierfässer ruinieren, angebundene Holzflöße loslösen und dem Strom übergeben u. ähnl., so sollen sie ebenso exemplarisch bestraft werden, als wenn sie Nachts einen Studenten überfallen, hauen oder mißhandeln oder sich gegen Damen ungebührlich betragen. Auch der Zustand der Trunkenheit sollte für einen gebildeten Menschen niemals eine Entschuldigung sein, da der einzelne sich kennen und wissen muß, in welcher Weise er sich in der Trunkenheit aufzuführen pflegt, und ob er Veranlassung habe, in diesen Zustand möglichst selten zu geraten.

Man erkennt, daß schon hier eine kleine Frontveränderung der Professorenwelt vieles anders zu gestalten imstande ist.

Aber auch abgesehen vom Verbindungsleben spiegelt heute das Studentenleben das fahrige Professorenleben in getreuem Abbild wider. Dies gilt ganz besonders von der politischen Thätigkeit. Der Unfug, daß Professoren sich zu politischen Agitatoren hergeben, ist nicht streng genug zu verurteilen. An manchen Hochschulen vergeuden zahlreiche Professoren ihre ganze Zeit mit der Politik und hören auf, für ihre Wissenschaft zu arbeiten. Der Professor gehört aber seiner Wissenschaft und seiner akademischen Thätigkeit, nicht der öffentlichen Agitation an. Was müssen Studenten für eine Ansicht bekommen, wenn sie sehen, daß Professoren ihre Vorlesungen ausfallen lassen, auf die Dörfer fahren, den dummen Bauern Wahlreden halten, sich von jedem Hanswurst herunterreißen und in der oppositionellen Presse mit Schmutz bewerfen lassen müssen? Wenn sie sehen, daß Professoren Ergebenheitsadressen schreiben, Telegramme abschicken, und lauter überflüssige, an byzantinische Verhältnisse erinnernde Dinge thun, zu denen nur jene eitlen Streber drängen, die in den meisten Fällen für ihre Person etwas gewinnen wollen, und wenn es nur ein Titel oder ein Orden wäre? Fangen nicht schon die Studenten an genau dasselbe zu thun? Und oben ist man in diesem Augenblick geschmeichelt, weil dieser Sturm zu Gunsten der Regierung daherweht, wenn es aber anders wäre, dann würde man auch ein anderes Lied singen. Man sollte doch denken, daß diese einmal entfesselte und zur Gewohnheit gewordene Regung der Professoren und Studenten später einmal, wenn der große Staatsmann nicht mehr die Geschicke des deutschen Vaterlandes lenkt, nach einer anderen Richtung explodieren könnte, die dann der Regierung durchaus nicht genehm wäre. Hüte man sich vor russischen Zuständen!

Aus diesem Grunde sollten von den Ministerien Professoren und Studenten darauf aufmerksam gemacht werden, daß ihr Gebahren ungesund und überflüssig sei, von Seiten der Studenten, weil sie zur Beurteilung der politischen Verhältnisse nicht reif genug sind, und ebenso von Seiten der Professoren, die wegen ihrer gelehrten Beschäftigung stets an einer großen Einseitigkeit leiden werden, die für die politische Beurteilung der Tagesfragen wenig ersprießlich ist, um so weniger, als Professoren gemäß ihrem rechthaberischen Wesen sofort, gleichviel welcher Partei sie angehören, zu politischen Fanatikern zu werden pflegen.

Übrigens ist es in hohem Grade anerkennenswert, daß die Korps trotz ihrer ausgesprochenen nationalen und wohl im wesentlichen auch konservativen Gesinnung prinzipiell keine politische Agitation treiben und die Politik von ihren Kneipen geflissentlich ausschließen.

VII.
Mittel zur Abhülfe.

Man wird von uns jetzt auch ein allgemeines Mittel zur Abwehr der hauptsächlichsten akademischen Schäden verlangen. In der Hauptsache wird nur ein Rezept gegeben werden können: Das deutsche Kouleurwesen, nach jeder Richtung hin veraltet und verzerrt, einer Reformierung, wie der Erfolg gezeigt hat, nicht mehr fähig, muß möglichst schnell sein Ende finden. Diese Auffassung muß in Fleisch und Blut aller Studenten und Professoren übergehen. Da hören wir aber das Geschrei der Gegner, daß die Kouleurverbindungen ihren Mitgliedern vorzugsweise Strammheit, Disziplin, Komment und Anstand anzugewöhnen und den einzelnen ordentlich als Mensch zu erziehen vermöchten. Schon hören wir die Professoren rufen, daß die Korps ihren Mitgliedern gute Manieren beibringen und sie daran gewöhnen, sich in guter Gesellschaft bewegen zu können, was die Professoren in erster Linie zu erproben in der Lage sind.

Auch folgendes wird man für den erziehenden Einfluß einer Verbindung geltend machen. Der Einzelne muß zuerst sich bucken lernen — was indessen durch das entartete Fuchswesen sehr übertrieben werden kann, — und muß gehorchen lernen. Bewährt er sich nicht, so erringt er auch in der Verbindung keine Stellung, während der tüchtige, der Menschen beherrschen kann, sehr schnell zu Einfluß und Ämtern kommt. Der talent=

volle, der sich selbst überlassen, vielleicht an Selbst=
vergötterung zugrunde geht, oder gelegentlich die Schnur
überspringt, wird an dem paralysierenden Einfluß der
Kommilitonen eine Korrektur finden können, welche ihn
in den meisten Fällen vor Ausschreitungen bewahrt,
jedenfalls seinem Talent Zügel anzulegen veranlaßt.
Die Anhänger der Korps pflegen alle diese Momente
mit Emphase aufzuzählen.

Wir wollen zugestehen, daß dies alles richtig ist.
Dennoch begreifen wir nicht, warum zu diesen Ver=
einigungen bunte Bänder und Mützen oder Cerevis=
kappen nötig sind, warum auf der einen Partei Para=
graphen über Zwangsmensuren stehen, auf der anderen
solche über Keuschheitsgelübbe. Eine gesellige Vereinigung
wird einen Studenten stets halten, wie andererseits die
Einsamkeit oft der Feind der Jugend sein wird, denn
der Student, der einsam bleibt, wird entweder, wenn
er tüchtig, leistungsfähig und charakterfest ist, etwas
außerordentliches leisten, oder er wird in unwürdigen
Genüssen untergehen. Nur die Gesellschaft schleift ab
und erzeugt ein gewisses Mittelmaß und einen bestimm=
ten Halt.

Aber diese Gesellschaft wird unter allen Umständen
eine freiere Vereinigung, bei den wissenschaftlichen An=
forderungen der Jetztzeit am besten eine wissenschaftliche
sein. Wer musikalisch ist, mag auch Mitglied des aka=
demischen Gesangvereins werden. Die wissenschaftlichen
Vereine datieren in Norddeutschland seit zwei Dezennien,
in Süddeutschland seit einem. Die ältesten sind die
philologischen, die jüngsten die juristischen. In Nord=
deutschland gedeihen sie besser als im Süden, wo zuviel

Momente vorhanden sind, welche den Studenten zer=
streuen und seine Konzentrierung verhindern. Auch ist
der Norddeutsche seßhafter, fleißiger und zäher als der
Süddeutsche. Alle wissenschaftlichen und künstlerischen
Vereinigungen sollen von Professoren möglichst gepflegt
und besucht werden, damit die Studenten Freude daran
empfinden, und nicht, wie es manchen wissenschaftlichen
Vereinen heute geht, einen solchen nur mühselig ein
Semester um das andere vor dem drohenden Untergang
zu retten suchen, der unabwendbar ist. Zum festeren
Halt und gegenseitigen Wetteifer mögen diese Vereine
untereinander in Kartellverhältnis treten.

Die wissenschaftlichen Vereine sind ferner berufen,
ein starkes Gegengewicht zu bilden gegen das Studieren
auf das bloße Examen hin, wie es auch in den letzten
Jahren als Wirkung des faselichen und oberflächlichen
Wesens der Jetztzeit mehr und mehr in den Vorder=
grund getreten ist. Fast alle Fakultäten haben Be=
schwerde darüber geführt, und selbst bei denjenigen, die
lange Zeit hindurch für die fleißigsten galten, bei den
klassischen Philologen, kommen von vielen Universitäten
Klagen über die wissenschaftliche Indolenz, die oft mit
einer philologischen Impotenz Hand in Hand geht.

Es leuchtet ein, daß die Regierungen, die akademi=
schen Behörden und die Prüfungskommissionen weit
mehr die Aufgabe erfüllen sollten, auf ein sachliches
Studium der Studenten zu sehen, als auf die Examina,
und daß gerade das Betonen bestimmter Forderungen
beim Examen, ohne auf den Studiengang und die
wissenschaftliche Thätigkeit des einzelnen Rücksicht zu
nehmen, jene einseitige und jämmerliche Richtung der

Neuzeit hervorgerufen hat. Erst wenn die Mehrzahl wieder gelernt hat, zu studieren um des Studiums und nicht um des Examens willen, wird man unserer Zeit ein besseres Zeugniß ausstellen können. Die wissenschaftlichen Vereine aber werden vorzugsweise in der Lage sein, eine solche Wandelung hervorbringen zu helfen.

Es ist daher einleuchtend, daß alle Vereine dieser Art eine erziehliche und von jedem Gesichtspunkt aus günstige Wirkung auf das Individuum auszuüben im Stande sind.

Nun glaube man ja nicht, daß wir jeden Studenten in Wissenschaft untergehen und zu einem Duckmäuser, Milchtrinker oder Wingolfiten machen wollen. Im Gegenteil, der richtige Student soll flott sein, ohne in seiner Kleidung und Tracht in der einen oder anderen Richtung zu exzedieren, er soll gelegentlich kneipen, seinen Bierskat spielen und kommersieren, Auffahrten und Ausszüge machen können, aber er soll seine Manieren fehlerlos, seine Gesundheit intakt erhalten, und sich nicht zum Söffel degradieren. Er soll den Satz beherzigen, daß auf die Arbeit die Erholung folgt und daß ein Mensch weder eine anhaltende Arbeit noch anhaltendes Kneipen aushalten kann, daß alles irdische nur durch den Wechsel der Dinge bestehen kann. Wäre nicht Tag und Nacht da, Sommer und Winter, so wäre die Welt mit ihren Geschöpfen am Ende angelangt.

Vor allen Dingen aber sollte jeder soviel Ehrgefühl und Schamgefühl vor seinen Eltern haben, daß er nicht die ersten Jahre ausschließlich verbummelt. Es ist allgemein bekannt, daß die juristischen Studenten in dieser Hinsicht das meiste leisten, und es ist charakteristisch genug, daß die juristischen Professoren davon niemals etwas wissen wollen. Ebenso ist bekannt, daß die Juristen das größte Kontingent zu den Korps stellen, wodurch beide Erscheinungen in Zusammenhang treten.

Die juristischen Professoren sind mit dem Fleiß ihrer Zuhörer stets zufrieden, wenn auch Thatsache ist, daß manche Studenten drei Jahre hindurch in keine einzige Vorlesung gegangen sind. Der Unfleiß der Juristen ist in Norddeutschland größer als in Süddeutschland, wo das Examinieren der ganzen Fakultäten und der dadurch bedingte Vorlesungszwang, dem der einzelne naturgemäß unterliegt, zu größerem Fleiß zwingen.

Die Folge dieses Unfleißes ist die Einrichtung der Repetitorien. Es ist eine Schande für die deutschen Universitäten, daß selbst Professoren solche Repetitorien lesen, um dasjenige zum Examen in einem Semester für schönes Geld einzupauken, was der Student in sechs oder sieben Semestern versäumt hat. Aber in solcher Beziehung haben die deutschen Fakultäten selten Ehrgefühl gehabt. Dagegen sind sie im Honorareinnehmen immer vorangestanden.

Aus diesem Grunde ist der neuerdings wiederholentlich angeregte Gedanke eines juristischen Mittelexamens angezeigter, als jemals. Aber auch hierfür war nur das intelligente Laientum, das Professorentum selbstverständlich dagegen, wenn auch einzelne, wie vor kurzem Prof. Gneist, sich für ein vierjähriges juristisches Studium erklärt haben. Denn die Wirkung wäre, daß ein großer Teil der Juristen beim Mittelexamen fiel und dann in vielen Fällen von den Eltern gezwungen würde, das Studium aufzugeben.

Mit der Unterstützung der wissenschaftlichen, musikalischen und überhaupt aller freieren Vereinigungen wird Hand in Hand gehen ein Abschaffen der grenzenlosen Paukfimpelei, wie sie heute an manchen Universitäten und Verbindungen zum Entsetzen aller Nichtkombattanten im Schwange ist. Fürwahr, wenn man dies stundenlange Simpeln über und Renommieren mit Paukkomment und Paukscenen anhört, so muß man auf den Gedanken kommen, daß die Universitäten nur des Paukens wegen gegründet sind, und alles andere nur zu den unbedeutenden Nebensachen gehört. Man glaubt mittelalterliche Landsknechte vor sich zu haben, die in der Welt herumfahren und in den Quartieren ihre Narben zeigen und mit ihren Verwundungen prahlen.

Wenn aber die überzählige Jugendkraft wirklich eine körperliche Beschäftigung haben muß, so sollen sie die Studenten in der bezeichneten Weise für unschuldigen Spaß und Spiele verwenden, zu denen nach englischem Beispiel auch das weibliche Geschlecht herangezogen werden kann.

Nun müssen wir anerkennen, daß aus der Mitte der alten Korpsstudenten schon mehrere, sehr vernünftige Aufrufe und Vorschläge zur Reformirung des Korpswesens, ganz besonders zur Herabminderung der damit verbundenen unnützen Ausgaben gemacht worden sind. Uns ist ferner bekannt geworden, daß nicht wenige alte Herren ihr Band zurückgeschickt und ihren Austritt aus ihrem Korps angezeigt haben, weil ihnen die neuen Verhältnisse zuwider gewesen sind. Unseres

Wissens ist damit nicht der geringste Erfolg erzielt worden.

Aber der Kampf soll nicht nur gegen die Korps geführt werden, sondern auf der ganzen Linie gegen alle studentischen Abgeschmacktheiten und Unzuträglichkeiten, welche die moderne Zeit ans Licht gezogen hat, damit mehr und mehr der Zustand aufhöre, daß ein großer Teil der studentischen Jugend in Deutschland für das Ausland eine Karrikatur ist, die nur mit Hohn und Spott behandelt wird, nach der Überzeugung der eigenen Landsleute aber am wenigsten den Zweck erfüllt, der in erster Linie erfüllt werden sollte — daß er studiert.